Vallitkoot Rauha ja Onnellisuus Kaikkialla

Sri Mata Amritanandamayin
puhe maailman uskontojen
parlamentissa
Barcelonassa, Espanjassa
13. heinäkuuta 2004

Mata Amritanandamayi Center, San Ramon
Kalifornia, Yhdysvallat

Vallitkoot Rauha ja Onnellisuus Kaikkialla

Julkaisija:
Mata Amritanandamayi Center
P.O. Box 613
San Ramon, CA 94583
Yhdysvallat

──── May Peace and Happiness Prevail (Finnish) ────

Copyright © 2004 Mata Amritanandamayi Mission Trust, Kerala, 690 546, Intia
Kaikki oikeudet pidätetään. Tämän painotuotteen tai sen osan tallentaminen, siirtäminen, uudelleen tuottaminen, jäljentäminen tai kääntäminen kaikilta osin ja kaikissa muodoissa ilman julkaisijan etukäteen antamaa kirjallista lupaa kielletään.

Ensimmäinen painos MA Centerin: huhtikuu 2016

Yhteystiedot suomessa löytyvät sivuilta: www.amma.fi

Intiassa:
inform@amritapuri.org
www.amritapuri.org

Sisältö

Alkusanat 5
 Federico Mayor Zaragoza
 UNESCO:n entinen pääsihteeri
 Fundación Cultura de Paz -
 järjestön puheenjohtaja

Esipuhe 9
 Swami Amritaswarupananda Puri
 Mata Amritanandamayi Math: in
 varapuheenjohtaja

Vallitkoot rauha ja onnellisuus kaikkialla
 19
 Sri Mata Amritanandamayi

Alkusanat

Me voimme kaikki yhdessä, valtavalla rukouksella, muuttaa suuntaa johon maailma on menossa. Jokainen ainutlaatuinen ja luova ihminen on toivomme.

Amma neuvoo meitä: "Kiireessämme unohdamme kaikista suurimman totuuden – että kaikkien ongelmien lähde on ihmismielessä." Kuten suuri Amerikkalainen kirjailija Archibald McLeish kirjoitti UNESCO:n perusteisiin: "Koska sota syntyy ihmisten mielistä, on juuri tuon ihmismielen pystytettävä rauhan linnoitus."

Todellinen koulutus vapauttaa meidät toimimaan omien päätöstemme mukaisesti, ei muiden määräysten tai käsitysten mukaisesti. Joukkotiedotusvälineet voivat olla hyödyllisiä, mutta ne voivat myös tehdä meistä passiivisia ja alistuvia. On äärimmäisen tärkeätä ajatella, tuntea, kuunnella ja oppia tuntemaan muita ihmisiä sekä lopulta – ja tämä on hyvin vaikeata – oppia tuntemaan itsemme.

Vallitkoot Rauha ja Onnellisuus Kaikkialla

Kuten Amma sanoi aikaisemmin mailman uskontojen parlamentissa: "Pyrkiessämme ymmärtämään ulkoista maailmaa, on välttämätöntä ymmärtää myös sisäistä maailmaa." Hän lisäsi myös: "Rakkaus ja myötätunto ovat kaikkien uskontojen ydin... Rakkaudella ei ole rajoituksia kuten uskonto, rotu tai kansallisuus."

Poistaaksemme köyhyyden ja kärsimyksen! Tämän eteen on tarpeen antaa jatkuvasti itsestämme. Meidän on annettava tämän päämäärän eteen kaikkemme.

Aineellinen köyhyys johtuu usein niiden henkisestä köyhyydestä kenellä olisi mahdollisuus auttaa. Tämä on väkivallan ja alistamisen kulttuurin seurausta. Tästä johtuen ihmiset ja järjestöt pysyvät vaiti ilmaisematta vapaasti vastakkaista näkemystään.

On tullut aika aloittaa keskustelun ja yhteisymmärryksen kulttuuri. On tullut aika saattaa alulle rauhan, auttavan käden ja yhteisen äänen kulttuuri. Viimeinkin kansan vuosisata! Viimeinkin kaikki ovat erilaisia, mutta yhtenäisiä! Näin alkaa uusi kausi ihmiskunnan historiassa.

Alkusanat

Amma pyytää, että työskentelisimme vähäosaisten ja tarpeessa olevien hyväksi. Toivon, että hänen rukouksensa toteutuu: "Olkoon elämämme puu juurtunut syvälle rakkauden maaperään."

Federico Mayor Zaragoza
UNESCO:n entinen pääsihteeri
Fundación Cultura de paz – järjestön puheenjohtaja

Esipuhe

Nykypäivänä yhdistämme usein uskonnon moninaisuuden ja kulttuurelliset erot konflikteihin, sotaan ja väkivaltaan. Maailma on muuttunut paljon vuoden 2001 syyskuun 11:sta päivän jälkeen. Kollektiivinen tietoisuutemme on täyttynyt pelosta, epäluuloista ja vihasta meistä poikkeavia kohtaan. Tässä historian taitekohdassa on kansainvälinen uskontojen välinen kokoontuminen tärkeämpi kuin koskaan aikaisemmin. Maailma kaipaa ääntä, joka yhdistää meidät rauhan lipun alle. Vuoden 2004 maailman uskontojen parlamentissa tuo ääni oli Amman. Hänen sanojensa yleismaailmallinen ja ajaton viisaus puhuttelee ja koskettaa meitä kaikkia syvällisesti tänä kriittisenä aikakautena.

Amman kävellessä lavalle koko yleisö nousi seisomaan ja osoitti suosiotaan. Eräs reportteri sanoi: "Hänen persoonallisuutensa saa kaikki tuntemaan luontaista vetoa häntä kohtaan. Hän on luonnollisestikin hyvin erilainen kuin muut henkiset mestarit."

Vallitkoot Rauha ja Onnellisuus Kaikkialla

Sali oli viimeistä paikkaa myöten täynnä, ihmisten tungeksiessa jopa käytävillä. Ilmapiiri oli täynnä syvää kunnioitusta ja innostusta. Amma piti puheensa seitsenpäiväisen konferenssin viimeisessä sessiossa. Hänen aiheenaan oli: "Tie rauhaan — kuuntelemisen ja omistautumisen voima."

Mikä viisaus virtasikaan hänestä tällä kertaa? Kuinka hän toisi esiin kaikkien seitsemän päivän aikana esitettyjen satojen luentojen ja keskustelujen aiheet ja kokoaisi niiden ytimen kokonaisvaltaiseksi ja yhdistäväksi sanomaksi? Amman puhuessa saimme siihen vastauksen. Amma toi esiin nykypäivän todelliset ongelmat ja niiden ratkaisut yksi kerrallaan. Amma onnistui yhdistämään kaikki sanomat ja lähestymistavat kuten vain todellinen henkinen mestari kykenee. Kuten aina, hänen sanansa olivat yksinkertaisia, mutta syvällisiä. Hänen puheensa piti sisällään tarinoita, käytännöllisiä esimerkkejä ja kauniita vertauksia, jotka valaisivat syviä henkisiä totuuksia. Hän kosketti kaikkia elämänalueita lyhyessä, mutta voimallisessa puheessaan.

Amma aloittaa puheensa selittämällä

Esipuhe

kuinka meidän tulisi suhtautua Jumalan antamiin lahjoihin ja kykyihin. Lisäämällä sisäistä henkistä voimaamme ulkoisten voimannäyttöjen sijaan, saavutamme todellista rauhaa ja tyytyväisyyttä. Sen sijaan, että pitäisi uskontoja ihmiskunnan onnen ja rauhan tavoittelujen esteenä, Amma tarjoaa puheessaan maailman paljon tarvitseman tuoreen näkökulman uskontoon ja henkisyyteen. Hän kehoittaa kaikkia ymmärtämään uskonnon sisimmän olemuksen henkisestä perspektiivistä. Amma muistuttaa meitä: "Siellä missä on todellista henkistä kokemusta ei ole erillisyyttä vaan ainoastaan ykseyttä ja rakkautta."

Amma varoittaa meitä uskonnollisesta kapeakatseisuudesta: "Meidän uskontomme on oikeassa, teidän väärässä!" Tämä on kuin sanoisimme: 'Minun äitini on hyvä, sinun on prostituoitu!'" Hän tarjoaa myös ratkaisun: "Rakkaus on todellakin ainoa uskonto, joka voi auttaa ihmiskuntaa nousemaan suuriin ja loistokkaisiin korkeuksiin. Rakkauden tulisi olla se lanka, joka sitoo kaikki uskonnot ja filosofiat yhteen." Amma sanoo myös, että herättääksemme ykseyden ja rakkauden tunteen meidän tulee kuunnella muita avoimin sydämin ja kunnioittaa mailman moninaisuutta.

Amma käsittelee myös sotaa ja sitä kuinka meidän tulisi ohjata siihen käytetyt varat ja energia maailmanrauhan edistämiseksi, sillä kuten hän sanoo: "Täten saavuttaisimme varmasti rauhan ja harmonian tässä maailmassa." Tässä Amma jälleen korostaa, että avain ulkoisten ja sisäisten vihollisten voittamiseen ei ole ulkoiset tai ideologiset pakotteet, vaan henkisyys.

Amma jatkaa kiteyttämällä maailman nykytilanteen yhteen päätekijään – köyhyyteen. Köyhyyttä on kahdenlaista – fyysistä ja henkistä, ja Amma kehottaa meitä keskittämään ensiksi huomiomme viimemainittuun, sillä vain siten löydämme pysyvän ratkaisun molempiin.

Amman opetukset vievät meidät aina henkilökohtaisten erimielisyyksiemme ja halujemme tuolle puolen, jonka kautta voimme kokea ihmiskunnan sisäisen ykseyden. Barcelonassa Amma korosti jälleen puheessaan tätä ykseyttä. Sateenkaari vertauksessaan Amma osoittaa kuinka moninaisuus ja yhtenäisyys

Esipuhe

voivat olla olemassa yht'aikaa, jos me vain ymmärrämme, että muitten onnellisuus on meidän onnellisuutemme salaisuus.

Amma on sanonut useasti, että köyhien avustaminen on velvollisuutemme Jumalaa kohtaan. Puheensa lopussa hän haastaa kaikki mukaan sanomalla: "Meidän tulisi tehdä kärsivien hyväksi joka päivä puolen tunnin lisätyö. Tämä on Amman pyyntö." Kuka muu voisikaan puhua niin vakuuttavasti epäitsekkään palvelemisen tärkeydestä ja kauneudesta? Sanoma saa aivan uuden ulottuvuuden kun se tulee ihmiseltä, joka on niin täydellisesti muokannut oman elämänsä opetuksiensa mukaiseksi.

Amman puhe sai valtavat aplodit seisomaan nousseelta yleisöltä. Sinä yönä Amma antoi darshanin kaikille vaikka se ei ollutkaan osa suunniteltua ohjelmaa, sillä kokoontuminen oli jo virallisesti päättynyt. Suuri joukko ihailijoita ja konferenssin osanottajia sai Amman siunauksen.

Darshan tapahtui teltassa, josta avautui kaunis välimeren maisema. Tämän teltan oli pystyttänyt Sikhi-yhteisön jäsenet tapah-

Vallitkoot Rauha ja Onnellisuus Kaikkialla

tuman osanottajien ruokailua varten. Amma saapui telttaan pian sen jälkeen kun oli pitänyt puheensa ja istui juuri aikaisemmin paikalle tuodulle tuolille ja ryhtyi vaatimattomasti vastaanottamaan ihmisiä. Jotkut ryhtyivät laulamaan bhajaneita ja pian kaikki liittyivät mukaan lauluun. Darshan, joka jatkui läpi yön, oli kuin Amman aikaisemmin pitämän puheen käsinkosketeltava ilmentymä: ihmiset joka puolelta maailmaa ja eri uskonnoista yhdistyivät hänen rakkaudessaan. Moninaisuus sulautui ykseydeksi – rauhan perustaksi.

Yön kuluessa Sikhi johtaja saapui ison ryhmän kanssa kunnioittamaan Ammaa. Esittäessään kiitollisuuttansa hän otti suuresta kulhosta ison kasan kukkia ja kukitti niillä Amman sekä hänen seuraajansa.

Sitten tapahtui pieni ihme. Amma huolestui, sillä ihmiset olivat viettäneet hänen kanssaan niin pitkän aikaa saamatta mitään syödäkseen. Sikhit tarjosivat mitä heillä oli jäljellä – n. 150 ateriaa. Darshanin loputtua Amma meni tarjoilupöydän luokse ja alkoi tarjoilla ruokaa kaikille läsnäolijoille. Silloin tällöin hän laski tarkasti kuinka paljon kutakin

Esipuhe

ruokalajia voisi antaa, että siitä riittäisi kaikille. Kaikki saivatkin riittävän aterian ja lopuksi astiat oli kaavittu viimeistä murua myöten. Kuinka sadalle viidellekymmenelle tarkoitettu ruoka riitti yli tuhannelle, jättämättä ketään nälkäiseksi, on mahdoton selittää.

Muutaman tunnin kuluttua Amma oli jo lentokentällä, alle vuorokauden sisällä saapumisestaan. Konferenssi pidettiin Amman vuotuisen Amerikan kiertueen aikana, joten Amma lähti suoraan Chicagon ohjelmasta, piti puheensa sekä antoi darshanin, ja palasi samantien seuraavaa ohjelmaa varten Washingtoniin.

Barcelonassa saimme jälleen kuulla Amman kuolemattoman rakkauden sanoman. Todellakin, rakkaus vie voiton kaikesta. Avatkaamme sydämemme ja antautukaamme tuolle rakkaudelle. *Mahatman* [suuren sielun] sanat ovat kuin sydämeemme istutettuja siemeniä. Jos maaperä on otollinen ne voivat kypsyä ja kasvaa isoiksi puiksi, jotka kantavat hedelmää ja antavat suojaa tarpeessa oleville. Itäkööt ja kasvakoot Amman sanat sydämessämme tehden elämästämme hedelmällisiä ja maailmalle hyödyllisiä.

Päätän sanoihin, jotka luin *El Periódico* -lehdestä: "Amma on kuin henkinen valttikortti maailmassa, jossa usko on kadoksissa."

Amma voi näyttää meille tien lopulliseen ratkaisuun. Tämä tarkoittaa kaikkien mielen heikkouksien ylittämistä sekä meidän kasvuamme täyteen potentiaaliimme. Viimekädessä se tarkoittaa myös rauhan tavoittamista elämän kaikilla alueilla.

Swami Amritaswarupananda
Varapuheenjohtaja
Mata Amritanandamayi Math
Amritapuri

Vallitkoot rauha ja onnellisuus kaikkialla

Sri Mata Amritanandamayin
puhe maailman uskontojen
parlamentissa
Barcelonassa, Espanjassa
13. heinäkuuta 2004

Amma kumartaa teitä, jotka olette puhtaan rakkauden ja Korkeimman Tietoisuuden ruumiillistumia. Ne teistä, jotka ovat järjestäneet näin valtavan tapahtuman, ovat osoittaneet sellaista vaivannäköä ja uhrautuvaisuutta, joka on kuvailun tuolla puolen. Amma yksinkertaisesti kumartaa tällaisen epäitsekkyyden edessä.

Jumalalta saamamme kyvyt ovat aarteita, jotka on tarkoitettu itseämme ja koko maailmaa varten. Tätä omaisuutta ei tulisi koskaan käyttää väärin eikä tehdä taakaksi meille ja maailmalle. Suurin onnettomuus ei ole kuolema. Suurin onnettomuus on sallia valtavien mahdollisuuksiemme, lahjojemme ja kykyjemme jäädä käyttämättä, antaa niiden ruostua elämämme aikana. Käyttäessämme luonnosta hankkimaamme vaurautta, se hupenee, mutta käyttäessämme sisäisten lahjojemme vaurautta, se kasvaa.

Käytämmekö todella kykyjämme? Mikä on aina ollut ihmiskunnan päämäärä? Mitä me ihmiset haluamme saavuttaa? Eikö päämäärämme ole aina ollut, että saavuttaisimme niin paljon onnellisuutta ja täyttymyksen tunnetta kuin mahdollista sekä henkilökohtaisessa elämässämme että yhteiskunnassa? Mutta minkälainen on tilanteemme tänä päivänä? Useimmat meistä siirtyvät erehdyksestä toiseen, mikä vain pahentaa ongelmiamme.

Jokainen valtio on pyrkinyt kasvattamaan poliittista, sotilaallista sekä aseellista, taloudellista, tieteellistä ja teknologista voimaansa. Onko enää olemassa aluetta, jota emme olisi tutkineet? Olemme keskittyneet tällaisiin asioihin ja yrittäneet näitä toimintatapoja niin pitkään. Olemmeko saavuttaneet todellista rauhaa tai tyytyväisyyttä? Vastaus on ei. Aika

Sri Mata Amritanandamayin puhe

on todistanut, että nämä menetelmät eivät yksin voi tuoda tyytyväisyyttä. Ainoastaan jos sallimme henkisen voiman, jota emme ole koskaan aiemmin kokeilleet, kasvaa muiden osa-alueitten rinnalla, voimme saavuttaa etsimämme rauhan ja täyttymyksen.

Tosiasiallisesti, vauraiden ja köyhien maitten ihmisten välillä on vain yksi ero: siinä missä rikkaiden maiden ihmiset itkevät ilmastoiduissa huoneissaan ja palatsimaisissa linnoissaan, köyhien maiden ihmiset itkevät majojensa likaisilla lattioilla. Yksi on asia on ilmiselvä: ihmiset joilla kerran oli kaikki syyt hymyillä ja olla onnellisia, vuodattavat nyt kyyneliä maailman eri puolilla. Surusta ja kärsimyksestä on tullut monien maiden tuntomerkki. On järjetöntä syyttää tästä yksinomaan uskontoa. Suuri syy näihin ongelmiin on siinä miten ihmiset ovat tulkinneet uskontoa ja henkisyyttä.

Nykypäivänä etsimme ulkopuoleltamme syytä ja ratkaisua kaikkiin ongelmiin maailmassa. Kiireessämme unohdamme kaikkein suurimman totuuden – kaikkien ongelmiemme lähde löytyy ihmismielestä. Unohdamme, että maailmasta voi tulla hyvä vain, jos yksilön mielestä tulee hyvä. Niinpä, pyrkiessämme ymmärtämään ulkoista maailmaa, on välttämätöntä ymmärtää myös sisäistä maailmaa.

Kerran kun uutta huipputehokasta tietokonetta oltiin vihkimässä käyttöön, osallistujille kerrottiin tilaisuuden jälkeen, että he voisivat esittää tietokoneelle minkä hyvänsä kysymyksen ja se antaisi vastauksen muutamassa sekunnissa. Ihmiset tekivät parhaansa esittäessään tietokoneelle mitä monimutkaisempia kysymyksiä koskien tiedettä, historiaa, maantiedettä ja niin edelleen. Heti kun kysymys oli esitetty, vastaus ilmaantui kuvaruudulle. Sitten eräs lapsi nousi seisomaan ja esitti huipputehokkaalle koneelle yksinkertaisen kysymyksen: "Hei tietokone! Kuinka voit tänään?" Tällä kertaa vastausta ei ilmestynyt ruudulle, se pysyi tyhjänä! Tietokone kykeni vastaamaan kaikenlaisiin kysymyksiin, mutta ei itseään koskeviin.

Useimmat meistä elävät tuota tietokonetta vastaavassa tilanteessa. Pyrkiessämme ymmärtämään ulkoista maailmaa meidän tu-

Sri Mata Amritanandamayin puhe

lee samalla kehittää tietämystämme sisäisestä maailmasta.

Kun puhelimemme ei toimi, soitamme puhelinyhtiöön, jotta vika korjattaisiin. Kun kaapeli televisiomme ei enää näytä televisio-ohjelmia selkeästi, kaapeli-tv-yhtiö auttaa meitä ja kun internet-yhteytemme lakkaa toimimasta, tietokoneasiantuntija laittaa yhteyden jälleen kuntoon. Samalla tavoin, henkisyys on se keino, jonka avulla saavutamme jälleen sisäisen yhteyden Jumalalliseen. Henkisyyden tiede antaa mielemme 'kaukosäätimen' jälleen omiin käsiimme.

On olemassa kahdenlaista koulutusta: koulutus elannon hankkimiseksi ja koulutus elämää varten. Opiskellessamme yliopistossa, pyrkiessämme tullaksemme lääkäriksi, asianajajaksi tai insinööriksi, kyse on opiskelusta elannon hankkimiseksi. Opiskelu elämää varten edellyttää sen sijaan ymmärrystä henkisyyden perusasioista saavuttaaksemme syvemmän ymmärryksen maailmasta, omasta mielestämme, tunteistamme ja itsestämme. Tiedämme kaikki, että kasvatuksen todellinen päämäärä ei ole luoda ihmisiä, jotka ymmärtävät vain teknologian kieltä. Koulutuksen tärkeimpänä tehtävänä tulisi olla sydämen kulttuurin levittäminen, kulttuurin joka perustuu henkisiin arvoihin.

Uskonnon tarkasteleminen vain ulkopuolelta käsin synnyttää yhä enemmän erillisyyttä. Meidän tulee nähdä ja ymmärtää uskonnon sisäinen ydin, henkisestä näkökulmasta katsottuna. Vain silloin erillisyyden tunne päättyy. Missä on erillisyyttä, ei voi olla todellista henkistä kokemusta. Ja missä on todellinen henkinen kokemus, siellä ei ole erillisyyttä, ainoastaan yhtenäisyyttä ja rakkautta. Uskonnollisten johtajien tulisi olla valmiita työskentelemään tämän tiedon pohjalta, ja tehdä seuraajansa tietoisiksi näistä totuuksista.

Ongelmia syntyy sanoessamme: "Meidän uskontomme on oikeassa, teidän väärässä!" Tämä on kuin sanoisimme: "Minun äitini on hyvä, sinun on prostituoitu!" Rakkaus ja myötätunto ovat kaikkien uskontojen ydin. Mitä tarvetta meillä siis on kilpailla?

Rakkaus on meidän tosiolemuksemme. Rakkaudella ei ole sellaisia rajoituksia kuin uskonto, rotu, kansallisuus tai kasti. Me

Sri Mata Amritanandamayin puhe

olemme kaikki helmiä, jotka rakkauden helminauha sitoo yhteen. Ihmiselämän todellinen päämäärä on herättää tämä ykseys ja levittää toisille rakkautta, joka on myötäsyntyinen olemuksemme.

Rakkaus on todellakin ainoa uskonto, joka voi auttaa ihmiskuntaa nousemaan suuriin ja loistokkaisiin korkeuksiin. Rakkauden tulisi olla se lanka, joka sitoo kaikki uskonnot ja filosofiat yhteen. Yhteiskunnan kauneus perustuu sydämiemme yhtenäisyyteen.

Sanatana dharmassa, Intian muinaisessa henkisessä traditiossa, on niin paljon moninaisuutta. Jokainen ihminen on ainutlaatuinen ja hänellä on erilainen henkinen rakenne. Menneisyyden näkijät lahjoittivat meille polkujen moninaisuuden, jotta jokainen yksilö voisi valita sen tien, joka sopii parhaiten hänelle. Kaikki lukot eivät avaudu samalla avaimella. Samoin, kaikki eivät pidä
samanlaisesta ruoasta taikka samanlaisesta vaatetuksesta. Moninaisuus pätee yhtä hyvin henkisyyteen. Sama tie ei sovi kaikille.

Tällaisten kokousten ja konferenssien tulee korostaa enemmän henkisyyttä, uskonnon ydinsisältöä. Tämä on ainut tie rauhaan ja yhteisymmärrykseen. Tämän konferenssin ei tulisi olla vain ihmiskehojen kohtaaminen. Tällaisissa tilanteissa tulisi tapahtua todellista kohtaamista, jossa voimme nähdä ja tulla tuntemaan toistemme sydämen.

Teknologian mahdollistama kommunikaatio on tuonut kaukana olevat ihmiset hyvin lähelle. Silti, johtuen sydämen yhteyden puutteesta, jopa ne jotka ovat fyysisesti lähellämme, saattavat tuntua hyvin kaukaisilta.

Niinpä tämän ei tulisi olla tavallinen konferenssi, jossa kaikki puhuvat, kukaan ei kuuntele ja kaikki ovat eri mieltä!

Toisten kuunteleminen on hyvin tärkeää. Saatamme nähdä ja kuulla monenlaisia asioita maailmalla, mutta meidän ei tulisi sekaantua toisten asioihin, koska se saattaa johtaa vaarallisiin seuraamuksiin. Amma muistaa tarinan.

Mies käveli mielisairaalan ohitse, kun hän kuuli äänen valittavan: "13, 13, 13, 13" Mies lähestyi kohtaa, mistä ääni kuului. Hän näki reiän muurissa ja tajusi, että ääni tuli toiselta puolen. Uteliaisuudesta hän asetti korvansa reikään kuullakseen paremmin. Yhtäkkiä jo-

Sri Mata Amritanandamayin puhe

kin puri häntä kovaa korvaan. Huutaessaan tuskasta hän kuuli äänen jatkavan: "14, 14, 14, 14"

Niinpä meidän tulisi käyttää erottelukykyämme ymmärtääksemme mihin meidän tulisi ja mihin meidän ei tulisi suunnata huomiotamme.

Todelliset uskonnolliset johtajat rakastavat ja palvovat luomakunnan kokonaisuutta; he näkevät kaiken Jumaltietoisuutena. He näkevät ykseyden, joka läpäisee moninaisuuden. Mutta tänä päivänä monet uskonnolliset johtajat tulkitsevat väärin menneisyyden näkijöitten ja profeettojen kokemuksia ja puheita, ja he käyttävät hyväkseen heikon mielenlaadun omaavia ihmisiä.

Uskonto ja henkisyys ovat avain, jonka avulla voimme avata sydämemme ja nähdä toiset myötätuntoisesti. Mutta itsekeskeisyytemme sokaisemana mielemme on menettänyt erottelukykynsä. Näkemyksemme on vääristynyt. Ja tällainen asennoituminen synnyttää vain lisää pimeyttä. Mielemme käyttää samaa avainta, joka on tarkoitettu sydämemme avaamiseen, sen sulkemiseen.

Vallitkoot Rauha ja Onnellisuus Kaikkialla

Tarina kertoo neljästä miehestä, jotka olivat matkalla osallistuakseen uskonnolliseen konferenssiin. He joutuivat viettämään yhdessä yön eräällä saarella. Oli jääkylmä yö. Kukin matkalaisista kantoi repussaan tulitikkurasiaa ja pientä määrää polttopuita, mutta kukin heistä ajatteli olevansa ainut kellä oli polttopuita ja tulitikkuja.

Yksi heistä ajatteli: "Hänen kaulassaan olevasta korusta päätellen sanoisin, että hän edustaa toista uskontoa. Jos sytytän tulen, myös hän hyötyy sen lämmöstä. Miksi käyttäisin arvokkaita puitani lämmittääkseni häntä"

Toinen mies ajatteli: "Tuo henkilö tulee maasta, joka on aina taistellut meitä vastaan. En voisi kuvitellakaan käyttäväni polttopuitani tehdäkseni hänen olotilansa mukavaksi!"

Kolmas mies katsoi yhtä heistä ja ajatteli: "Tiedän tuon kaverin. Hän kuuluu lahkoon, joka on synnyttänyt aina ongelmia uskonnolleni. En tuhlaa polttopuitani hänen hyväkseen!"

Neljäs mies ajatteli: "Tuolla miehellä on erilainen ihonväri ja minä vihaan sitä! En missään tapauksessa käytä polttopuitani hänen hyväkseen!"

Sri Mata Amritanandamayin puhe

Samaan tapaan me ylläpidämme vihamielisyyttä toisia kohtaan uskonnon, kansallisuuden, ihonvärin ja kastin nimissä, emmekä osoita myötätuntoa lähimmäisiämme kohtaan. Moderni yhteiskunta on kuin henkilö, joka kärsii kovasta kuumeesta. Kun kuume lisääntyy, henkilö lausuu sanoja, jotka eivät ole ymmärrettävissä. Osoittaen lattialla olevaa tuolia hän saattaa kysyä: "Miksi tuoli leijuu ilmassa" Mitä voimme vastata hänelle? Kuinka voimme todistaa, että tuoli ei leijaile? On vain yksi tapa auttaa häntä: meidän tulee antaa hänelle oikeanlaista lääkettä, jotta saisimme kuumeen laskemaan, ja kun kuume on laskenut, kaikki palaa normaaliksi. Tänä päivänä ihmiset kärsivät itsekkyyden, ahneuden ja hallitsemattomien halujen kuumeesta.

Uskonto ja henkisyys ovat tie, joka auttaa meitä muuttamaan sisällämme olevan vihamielisyyden myötätunnoksi, raivon rakkaudeksi, himokkaat ajatukset jumalallisiksi ajatuksiksi ja kateutemme ymmärtäväisyydeksi. Nykyisessä harhaantuneessa henkisessä tilassamme suurin osa meistä ei ymmärrä tätä.

Yhteiskunta koostuu yksilöistä. Yksilön

Vallitkoot Rauha ja Onnellisuus Kaikkialla

mielessä ilmenevä ristiriita ilmenee ulkoisesti sotana. Kun yksilöt muuttuvat, yhteiskunta muuttuu automaattisesti. Aivan niin kuin viha ja kostonhalu ovat mielessä, myös rauha ja rakkaus voivat vallita mielessä.

Voidaksemme käydä sotia kulutamme miljardeja dollareita ja vedämme mukaan lukemattomia ihmisiä. Ajatelkaamme kuinka paljon huomiota ja intensiivistä pyrkimystä menee tuohon prosessiin! Jos käyttäisimme edes murto-osan tuosta rahasta ja energiasta maailmanrauhan hyväksi, loisimme nopeasti rauhan ja harmonian tähän maailmaan.

Jokainen maa käyttää valtavia summia turvallisuusjärjestelmien rakentamiseen. Turvallisuus on välttämätöntä, mutta kaikkein varmin turva tulee siitä, kun sisäistämme henkiset periaatteet ja elämme niiden mukaisesti. Olemme unohtaneet tämän.

Tänä päivänä sekä sisäiset että ulkoiset viholliset, jotka hyökkäävät kimppuumme, eivät ole hallittavissa ainoastaan kasvattamalla asevoimaa. Meillä ei ole enää varaa siirtää tuonnemmaksi kaikkein voimakkaimman

Sri Mata Amritanandamayin puhe

aseen uudelleen löytämistä ja vahvistamista - henkisyyttä, joka on sisäisesti meissä kaikissa.

Maailmassa on yli miljardi ihmistä, jotka kärsivät köyhyydestä ja nälästä. Tämä on tosiasiassa suurin vihollisemme. Köyhyys on yksi perussyistä siihen, miksi ihmiset varastavat ja murhaavat, ja miksi ihmisistä tulee terroristeja. Se on myös syy siihen miksi ihmiset kääntyvät prostituutioon. Köyhyys ei vaikuta ainoastaan kehoon, se heikentää myös mieltä. Sitten tällaisiin mieliin vaikutetaan uskonnon nimissä ja niihin vuodatetaan terrorististen ajatusten myrkkyä. Katsoessaan asiaa tähän tapaan Ammasta tuntuu, että 80 % yhteiskunnan ongelmista voitaisiin ratkaista poistamalla köyhyyden.

Yleisesti ottaen ihmiskunta on matkalla ilman selkeää päämäärää.

Kerran eräs autoilija pysäytti autonsa liittymässä ja tiedusteli ohikulkijalta: "Voisitko sanoa minne tämä tie vie?" "Mihin tahdot päästä?", kävelijä kysyi. "En tiedä", autoilija vastasi. "Siinä tapauksessa ei ilmeisestikään ole väliä minkä tien valitset!", kävelijä sanoi.

Vallitkoot Rauha ja Onnellisuus Kaikkialla

Meidän ei tule olla tämän autoilijan kaltaisia. Meillä tulee olla selkeä päämäärä. Ammaa huolestuttaa nähdä mihin suuntaan maailma on menossa. Jos tulevaisuudessa on kolmas maailmansota, älköön se olko sota kansojen välillä, vaan sota yhteistä vihollistamme, köyhyyttä vastaan!

Tämän päivän maailmassa joudumme näkemään kahdenlaista köyhyyttä: köyhyyttä jonka on saanut aikaan ravinnon, vaatetuksen ja asunnon puute, ja köyhyyttä, jonka on saanut aikaan rakkauden ja myötätunnon puute. Näistä kahdesta jälkimmäinen tulee huomioida ensin, sillä jos sydämessämme on rakkautta ja myötätuntoa, palvelemme kokosydämisesti heitä, jotka kärsivät ruoan, vaatetuksen ja asunnon puutteesta.

Aikakausi jossa elämme ei tuo muutosta yhteiskuntaan, vaan oma myötätuntomme. Uskontojen tulisi kyetä synnyttämään lisää myötätuntoisia sydämiä. Tämän tulisi olla uskonnon ja henkisyyden päätavoite.

Suojellaksemme tätä maailmaa meidän on valittava tie, jota kulkiessa hylkäämme henkilökohtaiset erovaisuutemme ja halumme.

Sri Mata Amritanandamayin puhe

Antamalla anteeksi ja unohtamalla voimme luoda uudelleen, voimme lahjoittaa uutta elämää tähän maailmaan. Menneisyyden ylöskaivaminen ja tutkiminen on hyödytöntä, se ei hyödytä ketään. Meidän tulee luopua koston tiestä ja tutkia puolueettomasti nykymaailman tilannetta. Ainoastaan sillä tavoin voimme löytää tien todelliseen kehitykseen.

Todellinen ykseys ihmisten kesken sekä ihmiskunnan ja luonnon välillä syntyy vain uskoessamme sisäisen Itsen valtavaan voimaan, joka on kaikkien ulkoisten eroavuuksiemme tuolla puolen.

Sateenkaari lahjoittaa meille visuaalista loistokkuutta ja kantaa myös muassaan sisäisen merkityksen, joka auttaa meitä laajentamaan mieltämme. Sateenkaari muodostuu seitsemästä toisiinsa sulautuneesta väristä, mikä tekee siitä ihmeellisen ja kauniin. Samalla tavoin meidän tulisi kyetä hyväksymään ja kunnioittamaan niitä eroavaisuuksia, joita eri uskonnot, kansallisuudet, kielet ja kulttuurit ovat synnyttäneet. Meidän tuli ojentaa auttava käsi toisillemme pitäen tärkeimpänä ihmiskunnan hyvinvointia ja yleismaailmallisia inhimillisiä arvoja.

Sateenkaari ilmestyy ja katoaa taivaalta muutamassa minuutissa. Siitä huolimatta sateenkaari kykenee tekemään kaikki onnellisiksi tuona lyhyenä aikana. Aivan niin kuin sateenkaari, joka ilmestyy hetkiseksi äärettömälle taivaalle, meidän elinkaaremme, joka ilmestyy lyhyeksi aikaa äärettömällä aikajanalla on lyhyt ja mitätön. Niin kauan kuin elämme tässä maailmassa

suurin ja tärkein velvollisuutemme, tai dharmamme on olla hyödyksi toisille. Vain silloin kun hyvyys herää yksilössä, hänen persoonallisuutensa ja toimensa täyttyvät kauneudella ja voimalla.

Olipa kerran pieni tyttö, joka oli pysyvästi pyörätuoliin sidottu. Hänen vajavaisuutensa teki hänestä vihaisen ja turhautuneen elämän edessä. Koko pitkän päivän hän istui ikkunan ääressä masentuneena katsellen kateellisena pieniä lapsia, jotka juoksivat, hyppivät, pomppivat ja leikkivät toistensa kanssa. Eräänä päivänä kun hän istui ikkunan ääressä, alkoi sataa tihuttaa. Yhtäkkiä kaunis sateenkaari

Sri Mata Amritanandamayin puhe

ilmaantui taivaalle. Tyttö unohti välittömästi vajavaisuutensa ja surunsa. Sateenkaari täytti hänet onnellisuudella ja toivolla. Mutta silloin, yhtäkkiä sade päättyi ja sateenkaari katosi yhtä nopeasti kuin se oli ilmestynytkin. Muisto sateenkaaresta täytti tytön oudolla rauhalla ja ilolla. Hän kysyi äidiltään, minne sateenkaari oli mennyt. Äiti vastasi: "Rakkaani, sateenkaaret ovat hyvin erikoislaatuisia luomuksia. Ne ovat olemassa vain silloin kun aurinko ja sade ilmestyvät yhtä aikaa." Siitä lähtien pieni tyttö istui ikkunan ääressä odottaen, että aurinko ja sade ilmenisivät yhtä aikaa. Hän ei enää välittänyt katsoa toisten lasten leikkiä. Lopulta, eräänä kirkkaana päivänä alkoi odottamatta sataa ja taivaallisesti värittynyt sateenkaari tuli näkyviin. Pienen tytön ilolla ei ollut rajoja. Hän kutsui äitiään tulemaan nopeasti ja viemään hänet sateenkaaren luo. Äiti, joka ei tahtonut tuottaa pettymystä lapselleen, auttoi tytön autoon ja he ajoivat sateenkaarta kohden. Kun he saapuivat lopulta paikkaan, mistä oli hyvä näkymä sateenkaaren suuntaan, äiti pysäytti auton ja auttoi tyttärensä ulos niin, että tämä saattoi nauttia näkymästä.

Vallitkoot Rauha ja Onnellisuus Kaikkialla

Tuijottaen sateenkaarta lapsi sanoi: "Ihmeellinen sateenkaari, miten voit loistaa niin kirkkaasti?"

Sateenkaari vastasi: "Rakas lapseni, minulla on hyvin lyhyt elämänkaari. Olen olemassa vain sen lyhyen hetken, jolloin aurinko ja sade ilmenevät samaan aikaan. Sen sijaan, että harmittelisin lyhyttä olemassaoloani, olen päättänyt, että lyhyen elinkaareni aikana tahdon tehdä niin monta ihmistä onnelliseksi kuin mahdollista. Ja kun päätin toimia näin, minusta tuli säteilevä ja kaunis."

Sateenkaaren vielä puhuessa, se alkoi haihtua pois, kunnes sitä ei lopulta enää ollut. Pieni tyttö katsoi rakkaudella ja ihailevasti sitä kohtaa sinisessä taivaassa, missä sateenkaari oli ollut. Siitä päivästä lähtien hän ei ollut enää entisensä. Sen sijaan, että hän olisi ollut masentunut ja harmitellut vajavaisuuttaan, hän yritti hymyillä ja tuoda onnellisuutta kaikille ympärillään. Tällä tavoin hän löysi todellisen ilon ja tyytyväisyyden elämässään.

Sateenkaari oli kaunis, koska se unohti itsensä ja eli toisia varten. Samalla tavoin, kun unohdamme itsemme ja elämme toisten

Sri Mata Amritanandamayin puhe

onnellisuuden tähden, koemme elämän todellisen kauneuden.

Kehomme katoaa siitä huolimatta työskentelemmekö vai istummeko mitään tekemättä. Sen tähden on parempi kulua tehden hyviä tekoja yhteiskunnan hyväksi kuin ruostua tekemättä mitään. Sanatana dharmassa, ikuisessa uskonnossa, niin kuin hinduismia kutsutaan, on seuraava mantra: Lokah samastha sukhino bhavantu. Tämä mantra tarkoittaa: "Olkoot kaikki olennot kaikissa maailmoissa onnellisia".

Intian pyhien kirjoitusten mukaan Luojan ja luomakunnan välillä ei ole eroa, aivan samalla tavoin kuin valtameren ja aaltojen välillä ei ole eroa. Valtameren ja aaltojen ydinolemus on sama: ne ovat vettä. Kulta ja kultakorut ovat samaa, koska kulta on aine, mistä korut on tehty. Savi ja saviruukku ovat perimmältään samaa, koska ruukun aines on savea. Niinpä Luojan tai Jumalan ja luomakunnan välillä ei ole eroa. Ne ovat ydinolemukseltaan yhtä ja samaa: Puhdasta Tietoisuutta. Niinpä meidän tulisi oppia rakastamaan kaikkia tasa-arvoisesti, koska ydinolemukseltamme me olemme yhtä, atman; me olemme kaikki yhtä sielua tai Itseä. Vaikka kaikki ulkoisesti näyttääkin olevan erilaista, sisäisesti me olemme kaikki Absoluuttisen Itsen ilmentymiä.

Jumala ei ole rajoittunut yksilö, joka istuu yksin pilvien päällä kultaisella valtaistuimella. Jumala on Puhdas Tietoisuus, joka oleilee kaiken sisällä. Meidän tulee ymmärtää tämä totuus, ja oppia siten hyväksymään ja rakastamaan kaikkia tasa-arvoisesti.

Aivan niin kuin aurinko ei kaipaa kynttilän valoa, Jumala ei tarvitse meiltä mitään. Jumala on kaiken Antaja. Meidän tulisi liikkua kärsivien keskellä ja palvella heitä.

Maailmassa on miljoonia pakolaisia ja hädänalaisia. Hallitukset yrittävät auttaa tällaisia ihmisiä monin eri tavoin, mutta maailma tarvitsee paljon enemmän ihmisiä, jotka ovat valmiit työskentelemään epäitsekkyyden hengessä.

Itseänsä palvelevien ihmisten käsissä miljoona dollaria kutistuu 100.000 dollariksi siihen mennessä kun raha saavuttaa ihmiset, joille se on tarkoitettu. Tämä on aivan kuin kaataisi öljyä yhdestä astiasta toiseen ja sitten

Sri Mata Amritanandamayin puhe

jälleen uuteen astiaan ja niin edelleen. Kun näin tehdään tarpeeksi monta kertaa, öljyä ei ole enää jäljellä, koska sitä jää jonkin verran jokaiseen astiaan. Mutta tilanne on aivan toisenlainen epäitsekästä palvelua tekevien kohdalla. Tällaiset ihmiset saattavat vastaanottaa satoja tuhansia dollareita, mutta he antavat miljoonien arvosta apua tarvitseville. Näin on koska heidän motiivinsa on epäitsekäs, he yksinkertaisesti haluavat auttaa yhteiskuntaa. Sen sijaan, että he ottaisivat mitään maksua, he antavat kaiken minkä voivat kärsiville.

Jos meillä on edes hieman myötätuntoa sydämessämme, meidän tulisi omistaa puolen tunnin lisätyö joka päivä kärsivien hyväksi. Tämä on Amman pyyntö. Amma uskoo, että tällä tavoin löytyy ratkaisu maailman kaikkeen suruun ja köyhyyteen.

Tämän päivän maailma tarvitsee ihmisiä, jotka ilmaisevat hyvyyttä puheillaan ja teoillaan. Jos tällaiset jalot ja esimerkilliset ihmiset toimivat esimerkkinä kanssaihmisilleen, pimeys, joka nyt vallitsee yhteiskunnassa haihtuu, ja rauhan ja väkivallattomuuden valo valaisee jälleen kerran maailmaa. Työskennelkäämme yhdessä tämän päämäärän eteen.

Olkoon elämämme puu juurtunut syvälle rakkauden maaperään,

olkoot hyvät teot tuon puun lehtiä,

olkoot ystävällisyyden sanat sen kukkasia,

ja olkoon rauha sen hedelminä.

Kasvakaamme ja kehittykäämme yhtenä perheenä, yhdistyneenä rakkaudessa, että voimme iloita ja juhlia ykseyttämme maailmassa, missä rauha ja täyttymys vallitsevat.

Kun Amma päättää puheensa, hän tahtoo lisätä, että tosiasiassa mikään ei pääty. Aivan niin kuin jakso lauseen lopussa on vain lyhyt tauko ennen uutta alkua rauhan tiellä. Siunatkoon jumalallinen Armo meitä voimalla viedä tämä viesti eteenpäin.

Aum Shanti Shanti Shanti

www.ingramcontent.com/pod-product-compliance
Lightning Source LLC
Chambersburg PA
CBHW070044070426
42449CB00012BA/3161